A
Rookie
reader®
español

Yo, la Generosa

ESCRITO POR MARY E. PEARSON
ILUSTRADO POR GARY KREJCA

Children's Press®
Una División de Scholastic Inc.
Nueva York • Toronto • Londres • Auckland • Sydney
Ciudad de México • Nueva Delhi • Hong Kong
Danbury, Connecticut

Para Susan, quien en realidad lo compartía todo con su
quejumbrosa hermana pequeña
—M.E.P.

A mis sobrinas Candace, Jordan y Makayla
—G.K.

Asesora de lectura

Katharine A. Kane
Asesora educativa
(Jubilada de la Oficina de Educación del condado de
San Diego y de la Universidad Estatal de San Diego)

Biblioteca del Congreso. Catalogación de la información sobre la publicación

Pearson, Mary (Mary E.)
   [Yo, *la Generosa*. Español]
   Yo, *la Generosa* / escrito por Mary E. Pearson; ilustrado por Gary Krejca.
      p. cm.—(Un lector principiante de español)
   Resumen: Una hermana mayor enumera todo lo que compartiría gustosa con su
hermana menor, como el bróculi y sus deberes.
   ISBN 0-516-22682-7 (lib. bdg.)   0-516-27803-7 (pbk.)
   [1. Compartir—Ficción. 2. Hermanas—Ficción. 3. Cuentos humorísticos. 4. Cuentos
con rima. 5. Materiales en idioma español.] I. Krejca, Gary, ilustr. II. Título. III. Serie.
PZ74.3.P35 2002
[E]-dc21   2002067350

CHILDREN'S PRESS, AND A ROOKIE READER® y todos los logotipos relacionados son marca
marca registrada de Grolier Publishing Co., Inc. SCHOLASTIC y los logotipos relacionados so
marca y/o marca registrada de Scholastic Inc.
1 2 3 4 5 6 7 8 9 10 R 11 10 09 08 07 06 05 04 03 02

Mi hermana gime y lloriquea.
Dice que no es justo.

Me acusa ante mi mamá
por negarme a compartir.

Hay muchas cosas que yo
le daría, ¡todas gratis!
Cosas que ella podría TENER
¡si no me molestara!

Le daría mi bróculi,

mis zanahorias, mis repollitos,

los besos húmedos y
melosos de mamá,

y todas las suspensiones
que recibo.

Las verrugas de mi codo,

mi tarea,

mis deberes,

y cuando estoy castigada,
mi permanencia en casa.

Mi linterna rota,

la costra de mi mentón,

mis babosas húmedas y pegajosas del tarro viejo y oxidado.

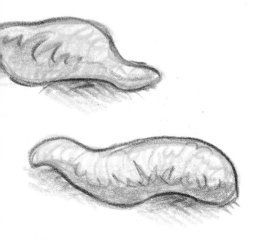

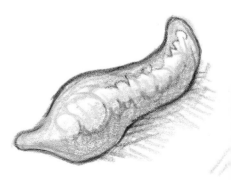

¿Ella dice que yo no comparto?
¡Eso no es cierto!

Sin ir más lejos, la semana pasada ¡compartí con ella mi gripa!

Lista de palabras (77 palabras)

a	del	linterna	que
acusa	dice	lloriquea	recibo
ante	ella	los	repollitos
babosas	en	mamá	rota
besos	es	más	semana
bróculi	eso	me	si
casa	estoy	melosos	sin
castigada	gime	mentón	suspensior
cierto	gratis	mi	tarea
codo	gripa	mis	tarro
compartí	hay	molestara	tener
compartir	hermana	muchas	todas
comparto	húmedas	negarme	verrugas
con	húmedos	no	viejo
cosas	ir	oxidado	y
costra	justo	pasada	yo
cuando	la	pegajosas	zanahorias
daría	las	permanencia	
de	le	podría	
deberes	lejos	por	

Acerca de la autora

Mary E. Pearson es escritora y maestra en San Diego, Califorr

Acerca del ilustrador

Gary Krejca vive en Phoenix, Arizona, con su esposa Kim, sus perros Chester y Jocko y su gato Nick.